Text: Melanie Schüer, Illustrationen: Lydia Klaassen

# Mara und Timo entdecken die Bibel

OnckenStiftung
Sinnvoll geben

## Altes Testament


| | | |
|---|---|---|
| 1 | Wenn wir etwas Böses tun: Adam und Eva | 6 - 9 |
| 2 | Sicher bei Gott: Noahs Boot | 10 - 11 |
| 3 | Die Beste sein: Der höchste Turm | 12 - 15 |
| 4 | Von Gott geführt: Abraham und Sarah | 16 - 17 |
| 5 | Vom Warten: Das versprochene Kind | 18 - 19 |
| 6 | Streiten und Vertragen: Jakob und Esau | 20 - 23 |
| 7 | Gott kann aus Schlechtem Gutes machen: Josef | 24 - 27 |
| 8 | Mutig sein lohnt sich: Das Baby auf dem Fluss | 28 - 31 |
| 9 | Gottes Rettung für die Schwachen: Der Auszug Israels | 32 - 35 |
| 10 | Gut versorgt: Brot vom Himmel | 36 - 39 |
| 11 | Gott macht uns stark: David und Goliath | 40 - 43 |
| 12 | Wenn wir Angst haben: Daniel bei den Löwen | 44 - 45 |
| 13 | Wenn alle zusammen etwas Gutes tun: Nehemia | 46 - 47 |
| 14 | Weinen ist erlaubt: Hiob | 48 - 49 |
| 15 | Jeder Mensch ist wertvoll: Psalm 139 | 50 - 51 |


## Neues Testament


| | | |
|---|---|---|
| 16 | Das schönste Geschenk: Jesus wird geboren | 52 - 55 |
| 17 | Wer noch nie etwas Böses gemacht hat: Die Frau, die bestraft werden sollte | 56 - 59 |
| 18 | Geld ist nicht das, was zählt: Der reiche Mann | 60 - 63 |
| 19 | Gottes Arme sind immer offen: Der verlorene Sohn | 64 - 67 |
| 20 | Einander helfen: Der barmherzige Samariter | 68 - 69 |
| 21 | Was du nicht willst, das man dir tu ...: Die goldene Regel | 70 - 71 |
| 22 | Paul und seine Oma: Gott kann Kranke heilen | 72 - 75 |
| 23 | Mehr als genug: Fünf Brote und zwei Fische | 76 - 77 |
| 24 | Gott ist stärker als der Tod: Jesus wird wieder lebendig | 78 - 79 |
| 25 | Gott kann Menschen verändern: Aus Saulus wird Paulus | 80 - 81 |
| 26 | Gott kann immer helfen: Petrus und der Engel | 82 - 85 |
| 27 | Die Eltern ehren: Ein Brief von Paulus | 86 - 87 |

# Vorwort

Die Bibel ist ein sehr altes Buch mit gleichzeitig spannenden, befremdlichen, ermutigenden und beängstigenden Geschichten, in denen Menschen Gott erleben. Diese Geschichten sind eingebettet in eine Kultur und eine Zeit, die sich in vielen Aspekten von der unseren unterscheidet. Das führt dazu, dass ihre Inhalte selbst für uns Erwachsene oft schwer verständlich sind. Sie sind wertvoll und hilfreich für einen lebendigen Glauben, und doch brauchen wir oft ein wenig Unterstützung, um ihre Aussagen auf unsere Lebenswelt zu übertragen.

Wenn dies schon auf uns Erwachsene zutrifft, so gilt es erst recht für Kinder. Ihnen fehlen nicht nur kulturelle und zeitgeschichtliche Hintergrundinformationen, sondern zusätzlich muss ihr kognitiver Entwicklungsstand berücksichtigt werden. Die Fähigkeiten, aus den Erfahrungen anderer für das eigene Leben zu lernen, entwickelt sich erst mit zunehmendem Alter.

Einige Bibelgeschichten sind aufgrund ihrer komplizierten Handlung, ihrer Grausamkeit oder anderer Besonderheiten für Kinder irritierend. Das unkommentierte Vorlesen der Geschichten kann daher zu negativen Schlussfolgerungen über Gottes Wesen führen. So kommentierte mein dreijähriger Sohn die Geschichte vom Sündenfall folgendermaßen: „Die durften die Frucht nicht essen, aber die haben das trotzdem gemacht und dann musste Gott sie wegschicken. Wenn wir mal etwas machen, das wir nicht dürfen, schickt Gott uns auch weg."

Gleichwohl bin ich davon überzeugt, dass die Bibel für Kinder viele wichtige Botschaften enthält. Diese Botschaften gezielt herauszuarbeiten und für ca. 2- bis 6-jährige Kinder verständlich darzustellen, ist das Ziel der vorliegenden Bibelgeschichten.

Um eine Brücke zu unserer heutigen, oft ganz anderen Lebenswelt zu schlagen, wird jede biblische Erzählung um eine thematisch passende Geschichte eines heute lebenden Kindes ergänzt. Auf diese Weise werden Impulse dazu gegeben, welche Bedeutung der Inhalt der Bibelgeschichte für Kinder haben kann. Sie dienen als Anregung eines Gesprächs über das Gelesene, in welches Kinder, Eltern, Großeltern, Erzieher/-innen und andere Bezugspersonen ihre Erfahrungen einbringen können.

Ich hoffe, die vorliegenden Geschichten tragen dazu bei, dass die Bibel für Kinder ein Buch wird, das ihnen in ihrer heutigen Lebenswelt altersgerechte Glaubensvermittlung, ethische Orientierung und Ermutigung bietet.

*Melanie Schüer*

# 1 Wenn wir etwas Böses tun: Adam und Eva

Manchmal sind wir lieb zu anderen. Vielleicht schenken wir jemandem etwas oder wir helfen einem anderen Kind. Das ist schön.
Aber manchmal sind wir auch böse. Und dann passieren schlechte Dinge.
Heute ist Timo gar nicht gut gelaunt. Als ihm auf dem Spielplatz ein Kind im Weg steht, haut er es. Papa schüttelt den Kopf: „Lass das! Man darf andere nicht hauen! Wenn so etwas noch einmal passiert, gehen wir nach Hause!"

Aber Timo hört nicht auf Papa. Später will er ein Spielzeug haben und nimmt es einem anderen Kind einfach weg. Da kommt Papa und schimpft mit ihm: „Ich habe dir doch gesagt: Wenn du so böse Dinge machst, kannst du nicht mehr mit den anderen spielen. Also gehen wir jetzt nach Hause."

Timo ist sauer, weil er noch nicht nach Hause will. Aber eigentlich weiß er, dass Papa Recht hat. Timo hat nicht auf ihn gehört und etwas Schlechtes gemacht. Er schämt sich. Timo und Papa gehen zurück nach Hause. Als Timo zu Papa hochschaut, lächelt Papa ihn an und drückt seine Hand. Da weiß Timo: Papa hat mich trotzdem lieb.

So ist es auch bei Gott. Er ist traurig, wenn wir Böses tun, aber er hört nie auf, uns lieb zu haben.
Schau mal, diese zwei Menschen heißen Adam und Eva. Sie leben bei Gott in einem schönen Garten. Sie dürfen die Früchte von allen Bäumen und Sträuchern essen: Äpfel, Bananen, Blaubeeren ... Nur einen Baum hat Gott ihnen verboten: „Der ist gefährlich. Davon dürft ihr nicht essen."
Aber eine Schlange sagt zu ihnen: „Was Gott sagt, stimmt nicht. Die Früchte sind nicht gefährlich, sondern wenn ihr sie esst, werdet ihr so klug sein wie Gott!"
Adam und Eva wollen die Frucht unbedingt mal probieren. Sie wollen auch so sein wie Gott.

Sie glauben ihm nicht, dass es gefährlich ist. Heimlich nehmen sie sich eine verbotene Frucht.
Aber schon nach dem ersten Bissen merken sie, dass die Schlange gelogen hat und Gott Recht hatte: Sie fühlen sich ganz schlecht und schuldig. Plötzlich stört es sie, dass sie nackt sind. Sie versuchen, sich Kleidung aus Blättern zu machen.
Gott ist traurig und findet es schlimm, dass Adam und Eva nicht auf ihn gehört haben. Weil sie nicht Gott, sondern der Schlange vertraut haben, ist etwas Böses in ihr Herz gekommen. Deswegen müssen sie den schönen Garten verlassen.
Aber weil Gott sie immer noch lieb hat, macht er ihnen schöne, warme Kleider. Die sind viel besser als die Blätter.

# 2 Sicher bei Gott: Noahs Boot

Hast du auch manchmal Angst? Ich heiße Paul und manchmal passieren Dinge, vor denen ich mich fürchte. Zum Beispiel, wenn es dunkel ist und ich ein Geräusch höre. Dann fühle ich mich plötzlich ganz seltsam, mein Herz klopft und ich bekomme Angst.
Dann kann ich beten: „Lieber Gott, ich habe Angst. Bitte hilf mir und schenke mir Mut!"
Gott ist bei mir. Auch wenn ich mich fürchte, passt er auf mich auf und lässt mich nie allein.
Bei ihm bin ich sicher, wie in einem großen Boot.

Schaut mal, dort draußen tobt ein großer Regen. Es regnet schon so lange und so stark, dass die ganze Erde unter Wasser steht. Die Kinder im Boot schauen aus dem Fenster: Es ist dunkel und der Regen ist so heftig, dass sie ein wenig Angst bekommen.
Aber Noah sagt zu ihnen: „Ihr braucht keine Angst zu haben. Es ist ein schlimmer Regen, aber hier im Boot sind wir sicher. Gott hat mir gesagt, dass ich dieses Boot bauen soll, damit wir einen Schutz vor dem großen Regen haben. Schaut nur, wie viele Tiere hier im Boot wohnen. Und auch eure Eltern und Geschwister und andere aus eurer Familie sind dabei. Gott rettet uns vor dem Regen."
Und wirklich, nach vierzig Tagen hört der Regen endlich auf und Noah und die anderen können das Boot verlassen. Gott schenkt ihnen einen Regenbogen. Er ist ein Zeichen dafür, dass nie wieder ein so großer, langer Regen kommen wird.

# 3 Die Beste sein: Der höchste Turm

Emily will einen Apfelkuchen für ihre Oma backen. Sie hat noch nie selber gebacken und deswegen möchte Mama ihr helfen. Aber Emily sagt: „Nein, ich brauche keine Hilfe. Ich weiß das alles selber, ich brauche dich nicht!"

„Aber Emily, lass mich dir doch noch erklären, was du für den Kuchen brauchst."

„Nein!", ruft Emily wütend, „Ich bin die allerbeste Bäckerin. Ich kann das ganz allein!"
Emily denkt sich: Wenn Mama mir hilft, sagen hinterher nur wieder alle, dass Mama die beste Kuchenbäckerin der Welt ist. Dabei kann ich das genauso gut. Ich will die Beste sein!
Eigentlich braucht man für diesen Kuchen Mehl, Zucker, Backpulver, Eier, Äpfel und ein bisschen Salz. Aber das weiß Emily nicht, und weil sie keine Hilfe haben will, nimmt sie einfach nur das, was ihr einfällt: Mehl, Äpfel und ein bisschen Milch. Sie ist stolz, als sie den Kuchen in den Ofen schiebt.

Aber als der Kuchen fertig ist, fängt sie an zu weinen: Er ist ganz platt und hässlich! Und er schmeckt überhaupt nicht lecker.
Du wirst immer größer und kannst schon viele Dinge selber. Aber manchmal brauchst du auch noch Hilfe. Dann ist es gut, wenn du dir helfen lässt.
Und ist es denn eigentlich so wichtig, immer der oder die Beste zu sein? Muss man immer alles gut können? Jesus hat mal gesagt, wer wirklich gut ist: Jemand, der nicht immer nur an sich denkt, sondern auch an andere. Jemand, der anderen hilft und ihnen etwas Gutes tut.

MILCH
MEHL

Diese Leute hier wollen auch die Besten sein. Sie möchten einen großen Turm bauen. Der soll bis zum Himmel reichen – es soll der größte Turm der Welt werden! Aber das ist keine gute Idee, denn die Leute wollen den Turm nicht bauen, damit andere sich freuen.

Sie wollen nur zeigen, wie stark sie sind, und denken, dass sie Gott nicht mehr brauchen. Ihre Herzen sind böse. Deshalb zeigt Gott ihnen, dass sie nicht alles können und dass es nicht gut ist, immer nur der Beste sein zu wollen. Er sorgt dafür, dass alle auf einmal verschiedene Sprachen sprechen: der eine spricht Englisch, der andere Deutsch, noch einer Türkisch ... und so können sie sich nicht mehr verstehen und nicht mehr zusammenarbeiten.

# 4 Von Gott geführt: Abraham und Sarah

Timo ist aufgeregt, denn morgen geht er in einen neuen Kindergarten. Einerseits freut er sich, denn der neue Kindergarten hat einen tollen Spielplatz mit einer riesigen Rutsche.

Andererseits hat er auch ein bisschen Angst: Er kennt die Kinder und die Erzieher dort ja noch gar nicht. Ob sie nett sein werden? Ob er neue Freunde finden wird? Aber Timo weiß: Gott wird bei ihm sein und auf ihn aufpassen. Mit Gott an unserer Seite brauchen wir keine Angst zu haben, denn er ist dabei und kümmert sich um uns. Wenn etwas Neues kommt, sind wir oft aufgeregt. Aber wir müssen uns nicht fürchten, denn Gott geht mit uns.

Das sind Abraham und Sarah. Ihnen geht es so ähnlich wie Timo: Sie kommen nicht in einen neuen Kindergarten, aber in ein neues Land. Sie wissen auch nicht, was passieren wird und ob alles gut geht. Sieh nur, was sie alles mitgenommen haben: ihre Mitarbeiter, ihren Neffen Lot, viele Schafe, Ziegen und Rinder. Sie alle sind unterwegs und wissen nicht, wohin. Aber Gott hat gesagt, dass er ihnen den Weg zeigen wird.
Und wirklich, es ist eine lange Reise und manchmal sind sie sehr erschöpft. Aber Gott führt sie in ein wunderschönes Land und sagt: „Dieses Land schenke ich euch und eurer Familie!"

# 5 Vom Warten: Das versprochene Kind

Mara jammert: „Wann fahren wir endlich zu dem Bauernhof in den Bergen? Ich will wieder reiten und die Ziegen streicheln!"
Mama erklärt: „Du weißt doch, wir fahren in den Sommerferien dorthin. Jetzt ist noch Winter."

Für Mara ist es ganz schön schwierig, so lange zu warten. Aber sie versucht, nicht mehr zu jammern und einfach ruhig zu bleiben. Sie spielt im Schnee, und als der Frühling kommt, schaut sie sich die ersten Blümchen an. Manchmal malt sie Bilder von dem Bauernhof.
Und dann ist es endlich so weit: Die Sommerferien sind da und sie fährt mit ihren Eltern zum Bauernhof. Das Warten hat sich gelohnt!

Da sind Abraham und Sarah wieder. Sie haben auch sehr lange auf etwas gewartet: auf ein Kind. Gott hat ihnen eines versprochen, doch viele Jahre vergehen und sie bekommen einfach kein Kind. Manchmal sind sie sehr traurig, denn sie wünschen es sich so sehr. Irgendwann sind sie so alt, dass sie eigentlich gar keine Kinder mehr bekommen können.
Eines Tages kommen drei Männer zu ihnen und einer von ihnen sagt: „Nächstes Jahr komme ich wieder zu euch und dann wird Sarah ein Kind haben." Sarah lacht darüber, denn sie kann das nicht glauben: Sie ist doch viel zu alt!
Aber Gott hält sein Versprechen und belohnt ihre Geduld: Ein Jahr später hat Sarah wirklich ein Kind. Es ist ein süßer, kleiner Junge und sie nennt ihn Isaak. Das ist Hebräisch und bedeutet: Gott hat jemanden zum Lachen gebracht. Und das hat er, denn Isaak und Sarah sind nun sehr fröhliche Eltern.

# 6 Streiten und Vertragen: Jakob und Esau

Hat dir schon mal jemand etwas weggenommen?
Wie hast du dich da gefühlt?
Emily ist sehr wütend, weil ihr Bruder Paul ihr ihre Puppe weggenommen hat.

Später sagt Paul:
„Es tut mir leid."

Erst ist Emily noch sauer, aber dann sagt sie:
„Na gut."

Und dann spielen sie wieder zusammen.
Wenn jemand gemein zu dir ist, ist es okay, wenn du sauer wirst oder traurig. Du kannst dann ganz laut sagen: „He, das ist mein Spielzeug! Du darfst mir das nicht einfach wegnehmen."
Wenn das andere Kind es dir nicht zurückgeben will, kannst du einen Erwachsenen fragen, was du tun sollst.
Wichtig ist, dass wir bereit sind, uns später wieder zu vertragen. Wenn wir immer nur sauer sind, werden wir selber ganz traurig. Da ist es besser, wieder lieb zueinander zu sein.

Das hier ist Jakob. Er hat seinem Bruder Esau auch etwas weggenommen – ein Geschenk von ihrem Papa, das eigentlich Esau gehörte. Deswegen ist Esau wütend und will Jakob hauen. Schnell läuft Jakob weg und versteckt sich. Gott findet es schlimm, wenn wir anderen etwas wegnehmen. Aber er lässt uns trotzdem nicht allein. Jakob hat einen Traum, in dem Gott ihm sagt: „Hab keine Angst, ich bin bei dir!"

Später möchte Jakob nach Hause zurückgehen. Er schickt Geschenke zu Esau, um zu zeigen, dass es ihm leid tut. Als er nach Hause geht, hat er große Angst: Ob Esau immer noch sauer ist?
Aber als sie sich treffen, nimmt Esau Jakob in die Arme. Er hat ihm vergeben und so können sich die Brüder wieder vertragen. Alle freuen sich.

# 7 Gott kann aus Schlechtem Gutes machen: Josef

Mara ist mit ihren Eltern auf dem Weg zum Bauernhof. Sie freut sich schon ganz doll, denn letztes Jahr hat es ihr dort sehr gefallen. Aber als sie angekommen sind, wundert sich Mara.
„Aber das ist doch der falsche Hof!“, ruft sie erschrocken.
Ihre Eltern runzeln die Stirn: „Haben wir etwa vergessen, dir das zu erzählen? Auf dem anderen Hof war keine Wohnung mehr frei ... deswegen mussten wir dieses Jahr woanders hinfahren.“
Mara ist traurig. „Das ist so doof!“, sagt sie. „Dieser Bauernhof ist bestimmt nicht toll.“

Aber als sie sich mit ihren Eltern ein wenig umschaut, wird sie langsam wieder fröhlicher. Auf diesem Bauernhof wurden gerade fünf kleine, süße Katzenbabys geboren. Die darf sie sogar streicheln! Und das Beste ist: Es gibt ein kleines Schwimmbad, in dem sie gleich heute mit ihren Eltern schwimmen kann.
„Dieser Bauernhof ist super!“, ruft Mara glücklich. „Na, siehst du“, sagt Papa. „Manchmal kommt etwas anders, als man es wollte. Dann denkt man erst, dass alles blöd ist. Aber oft sieht man später, dass es so noch viel besser wird.“

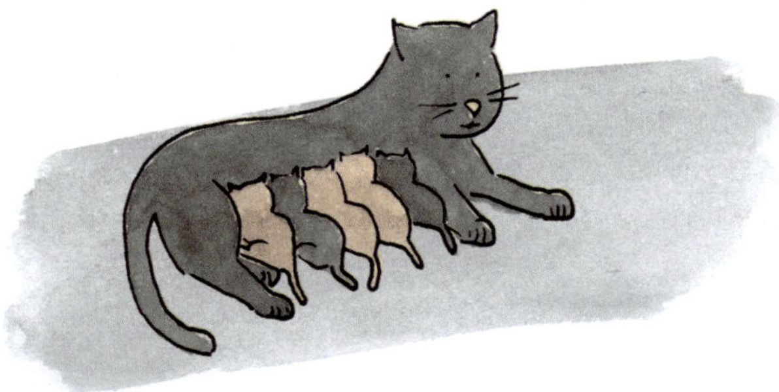

So ist es auch bei Josef. Seine Brüder sind sauer auf ihn und haben ihn in eine tiefe Grube geworfen. Nach einer Weile wird er von Leuten herausgeholt. Josef freut sich und denkt: Endlich, ich bin gerettet! Aber die Leute bringen ihn nicht nach Hause, sondern sie halten ihn fest und nehmen ihn mit in ein fremdes Land.
Josef ist traurig und hat Angst. In dem fremden Land muss er schwer arbeiten. Aber er ist fleißig und Gott hilft ihm. Irgendwann arbeitet er sogar für den König von Ägypten. Der König macht ihm viele Geschenke. Josef ist nun wie ein Prinz: Er lebt in einem großen Palast, er hat viel Geld, leckeres Essen und er kann den Menschen, die in dem Land leben, helfen.
Nach vielen Jahren trifft er seine Brüder. Obwohl sie ihn damals in die Grube geschmissen haben, ist er ihnen nicht mehr böse. Er sagt: „Ihr habt mir etwas Böses angetan, aber Gott hat Gutes daraus gemacht. Erst fand ich es ganz schlimm, dass die Leute mich in ein fremdes Land mitgenommen haben. Aber Gott hat mir geholfen und nun kann ich sagen: Es war alles gut – so, wie es gekommen ist."

# 8 Mutig sein lohnt sich: Das Baby auf dem Fluss

Timo möchte Fahrradfahren lernen. Er hat schon viel mit seinem Papa geübt, und solange Papa das Rad festhält, klappt alles gut. Aber sobald Papa loslässt, bekommt Timo Angst und hält an.

Papa sagt: „Timo, du fährst schon so gut, da bin ich sicher, dass du es auch ohne meine Hilfe kannst. Fahr einfach weiter, wenn ich loslasse!"

Timos Herz klopft schnell. Er hat große Angst umzufallen. Da fällt ihm ein, dass Gott ja immer bei ihm ist und auf ihn aufpasst. Gott kann ihm helfen, und selbst wenn er wirklich umkippt, ist Gott da. Beim ersten Versuch klappt es noch nicht und Timo hält wieder an. Aber dann atmet er tief durch, nimmt all seinen Mut zusammen und fährt weiter. Und wirklich: es klappt. Als er am nächsten Tag einmal hinfällt, passiert auch nichts Schlimmes – nur ein kleiner Kratzer. Und Timo ist richtig froh, dass er allein Fahrrad fahren kann!

In der Bibel gibt es eine Geschichte von einem Mädchen namens Miriam. Sie wohnt mit ihrer Familie in einem fremden Land. Miriam und ihre Verwandten gehören zum Volk der Israeliten. Sie müssen für den König in diesem fremden Land arbeiten. Sie sind so viele, dass der König Angst bekommt, dass sie zu stark werden, stärker als sein eigenes Volk. Deswegen sagt er etwas Schreckliches: „Alle Jungen, die bei ihnen geboren werden, müssen getötet werden."
Miriams Mama hat auch einen Sohn bekommen, den sie Mose nennt. Sie will nicht, dass er getötet wird – sie hat ihn doch lieb! Aber irgendwann wird es zu gefährlich, ihn zu Hause zu verstecken. Die Mutter will ihn retten, deswegen setzt sie Mose in ein kleines Körbchen in einen Fluss.
Miriam versteckt sich und beobachtet, was passiert. Da kommt eine Prinzessin und findet das Baby. „Du armes Kleines!", sagt sie, „ich werde mich um dich kümmern."
Miriam überlegt: Sie könnte doch schnell zu der Prinzessin gehen und sagen, dass sie jemanden kennt, der dem Baby Milch geben kann. Dann kann ihre Mutter Mose immer sehen und mit ihm zusammen sein, solange er von ihr Milch trinkt!
Aber Miriam hat Angst – was, wenn die Prinzessin wütend wird? Doch sie will Mose helfen, deswegen traut sie sich. Und wirklich, die Prinzessin ist einverstanden! Die Mutter darf jeden Tag zum Königshof kommen und Mose Milch geben.
So können Mose und seine Mutter doch zusammen sein. Gut, dass Miriam so mutig war!

# 9 Gottes Rettung für die Schwachen: Der Auszug Israels

Auf dem Spielplatz ärgern ältere Kinder zwei kleinere. Sie machen die Sandburg von den Kleinen kaputt und nehmen ihnen ihre Schaufeln weg.
Schnell läuft Emily zu Mama. „Ich will ihnen helfen!", sagt Emily.
Mama lächelt: „Das ist gut! Vielleicht kannst du den großen Kindern sagen, dass sie damit aufhören sollen. Und wenn sie nicht auf dich hören, sagst du mir Bescheid."
Emily geht zu den großen Kindern und sagt mit lauter Stimme: „Die Schaufeln gehören den kleinen Kindern. Gebt sie ihnen zurück!"
Erst lachen die Großen, aber Emily sagt noch einmal: „Gebt sie ihnen sofort wieder!"
Die Großen merken, dass Emily es ernst meint. Kleinlaut geben sie die Schaufeln zurück.
Emily setzt sich neben die Kleinen und sagt: „Ich passe jetzt auf, dass die Großen eure Sandburg nicht wieder kaputt machen."
Am Abend sagt Mama: „Es ist toll, dass du den Kleinen geholfen hast! Darüber habe ich mich sehr gefreut und Gott auch. Gott findet es nämlich ganz schlimm, wenn starke Leute gemein zu Schwächeren sind. Er hilft dann auch den Schwächeren – so wie du es heute gemacht hast."

Du hast ja schon gehört, dass die große Familie, das Volk von Miriam, in einem fremden Land wohnt. Dieses Volk nennt sich „die Israeliten". Die Leute in dem fremden Land sind gemein zu ihnen. Und die Israeliten können sich nicht wehren, denn sie sind viel schwächer. Aber Gott will ihnen helfen. Als Mose erwachsen ist, sieht er auf einmal einen brennenden Busch. Und daraus hört er eine Stimme – das muss Gottes Stimme sein! „Mose", sagt sie, „hilf den Israeliten, aus Ägypten wegzulaufen. Ich will ihnen ein neues, besseres Zuhause schenken."

Mose hat Angst: „Das traue ich mich nicht!"
Doch Gott sagt: „Ich werde dir helfen! Glaube mir und höre auf mich!"
Der König von Ägypten will die Israeliten nicht wegziehen lassen. Gott schickt ihm deshalb viele Strafen: Zum Beispiel wird das Wasser zu Blut, sodass man es nicht mehr trinken kann und es fürchterlich stinkt. Dann schickt Gott viele Frösche zum König, die plötzlich überall sind: In den Backöfen, seinem Schlafzimmer, sogar im Bett! Erst nach zehn Strafen sieht der König ein, dass es so nicht weitergeht. Er erlaubt Mose und seinem Bruder Aaron endlich, mit den Israeliten wegzugehen.
Aber dann schickt der König viele Reiter los, um sie wieder einzufangen. Er hat seine Meinung geändert und will sie doch nicht wegziehen lassen.
Alle bekommen große Angst, denn vor ihnen liegt das Meer und hinter ihnen kommen die Reiter. Aber Mose sagt: „Habt keine Angst! Gott wird uns retten."
Als Mose seinen Stab ausstreckt, passiert das Wunder: Das Meer teilt sich, das Wasser fließt zur Seite. Mitten im Meer ist nun ein Weg, und die Israeliten können durch das Meer gehen. So stark ist Gott!
Als die Reiter des Königs am Meer sind, kommt das Wasser wieder zurück, sodass sie nicht an die andere Seite kommen. Die Israeliten sind gerettet! Sie tanzen und singen und danken Gott.

# 10 Gut versorgt: Brot vom Himmel

Paul und Emily sind mit ihren Eltern im Wald. Sie machen ein Picknick.
„Schau mal, da ist ein Eichhörnchen!", ruft Paul plötzlich.
Emily ist entzückt: „Wie süß!"

Aber dann flitzt das Eichhörnchen wieder weg. „Komm, lass uns hinterherlaufen!", ruft Emily.
„Aber geht nur so weit weg, dass ihr uns noch seht!", warnt Papa.
Aufgeregt rennen Emily und Paul los. Sie entdecken das Eichhörnchen auf einem Baum. Als es weiterläuft, rennen auch die Kinder weiter.
Das Eichhörnchen ist zu schnell. Erschöpft bleiben die Geschwister stehen. „Wo geht es zurück zu Mama und Papa?", fragt Paul verwirrt. Emily schaut sich um: „Ich glaube, hier lang und dann links."
Sie gehen den Weg, aber überall sind nur Bäume, und sie sehen Mama und Papa nirgendwo. Beide kennen den Weg nicht mehr. Sie rufen nach Mama und Papa, aber niemand antwortet. Paul fängt an zu weinen: „Ich habe Angst. Was machen wir, wenn es dunkel wird? Und wenn wir Mama und Papa gar nicht finden? Wir haben auch nichts zu essen dabei. Ich habe Hunger."
Emily überlegt: „Lass uns beten. Papa hat gesagt, dass Gott immer für uns sorgt." Die beiden falten die Hände: „Gott, bitte hilf uns! Bitte lass uns unsere Eltern wieder finden. Und mach, dass wir keine Angst mehr haben."
Danach nimmt Emily ihren Bruder in den Arm: „Komm, wir warten jetzt hier. Bestimmt suchen Mama und Papa uns, und dann ist es besser, wenn wir an einer Stelle bleiben. Lass uns etwas spielen, zur Ablenkung." Also spielen sie: „Ich sehe was, das du nicht siehst." Zwischendurch rufen sie immer wieder nach Mama und Papa. Und dann endlich hören sie eine Stimme: „Emily? Paul?" – „Ja, hier!" Und wirklich, da kommen Mama und Papa! Überglücklich fallen Emily und Paul ihnen in die Arme.

Erinnerst du dich noch an diese Familie, die Israeliten? Gott hat sie vor dem bösen König und seinen Reitern gerettet: Er hat das Meer geteilt. Nun sind sie unterwegs, und sie haben Hunger. „Was sollen wir nur essen? Wir haben nichts mehr!", jammern sie.

Aber Gott kümmert sich um sie: Er lässt Brot vom Himmel regnen. Es schmeckt sehr süß und lecker, wie Honigbrot. Und es ist so viel, dass alle satt werden. Die Israeliten haben etwas Ähnliches erlebt wie Emily und Paul: Sie waren in Not. Sie hatten Angst und wussten nicht, was sie tun sollten. Und sie haben erlebt, dass Gott immer da ist und für seine Kinder sorgt.

# 11 Gott macht uns stark: David und Goliath

Mara ist traurig. Sie ist seit Kurzem in einem neuen Kindergarten und hat noch keine Freunde. Manchmal spielt sie mit Leonie, aber die hat neulich gesagt: „Du sollst nicht mit uns in der Puppenecke spielen."
Da musste Mara weinen und wusste nicht, was sie machen soll.
Papa tröstet sie: „Beim nächsten Mal könntest du ganz laut sagen: Nein. Ich darf hier auch spielen, die Puppenecke ist für alle da."

„Und wenn sie trotzdem sagt, ich soll weggehen?", fragt Mara.
„Dann sagst du den Erziehern Bescheid."
„Aber wenn Leonie so gemein ist, weiß ich gar nicht, was ich im Kindergarten machen soll. Ich laufe dann immer allein herum und langweile mich."
„Aber es sind doch auch noch andere Kinder da", meint Papa. „Vielleicht kannst du schauen, was sie spielen, und einfach mal mitmachen."

Mara seufzt: „Aber die kenne ich doch nicht. Das traue ich mich gar nicht."
„Du kannst sie ja kennenlernen", erklärt Papa. „Wenn wir Freunde finden wollen, brauchen wir manchmal Mut. Denn wenn wir jemanden kennenlernen möchten, müssen wir zu ihm gehen und mit ihm reden oder spielen."
Mara überlegt: „Ja, aber ich habe so große Angst, weil ich sie nicht kenne. Die Angst ist riesengroß und ich bin ganz klein."
Papa nimmt Mara in den Arm: „Auch kleine Leute können stark und mutig sein. Wir können Gott um Mut bitten, damit du dich traust, zu den anderen Kindern zu gehen. Auch wenn die Angst noch ganz groß ist – Gott kann dir helfen, die Angst zu besiegen."

Das ist David. Er ist Schafhirte. Manchmal kommen Bären oder Löwen, die sich ein Schaf schnappen wollen. Dann kämpft David mit ihnen und rettet sein Schaf.
Seine Brüder erzählen ihm von einem Mann namens Goliath. Er ist riesig und unheimlich stark und hat ein großes, gefährliches Schwert. Er ärgert Davids Brüder und die anderen Israeliten und sagt: „Na los, schickt einen Mann, der mich besiegt. Dann lassen ich und meine Freunde euch in Ruhe." Aber alle haben große Angst vor ihm. Keiner will gegen ihn kämpfen, doch Goliath hört nicht auf, sie zu ärgern.

Eines Tages hört David davon und geht zum König: „Ich werde gegen ihn kämpfen!"
Der König schüttelt den Kopf: „Das geht nicht. Du bist doch viel zu klein."
Aber David ruft: „Kann sein, dass ich klein bin, aber das macht nichts! Ich bin ein Hirte und habe schon oft gegen Bären und Löwen gekämpft. Dabei hat Gott mir geholfen."

„Dann sollst du es versuchen", antwortet der König.
Als Goliath David sieht, lacht er ihn aus: „Du willst mich mit dieser Steinschleuder besiegen? Ich habe viel bessere Waffen und bin tausendmal stärker als du."
„Das kann sein, aber Gott ist noch viel stärker. Und er braucht keine Waffen", sagt David.
Und wirklich: David trifft Goliath mit einem Stein so am Kopf, dass der große, starke Mann umfällt. Alle jubeln: Der kleine David hat den riesigen Goliath besiegt!

# 12 Wenn wir Angst haben: Daniel bei den Löwen

Timo ist im Kindergottesdienst, während Papa bei den Erwachsenen ist. Frau Weiß erzählt den Kindern gerade eine Geschichte. Doch plötzlich ertönt lauter Alarm. Erschrocken halten sich die Kinder die Ohren zu. Da kommt schon jemand aus dem Gottesdienstraum angerannt: „Es brennt! Schnell, raus mit euch!"
Als sie am Gottesdienstraum vorbeilaufen, sehen sie schon das Feuer. Alle sind aufgeregt und rennen durcheinander, einige Kinder weinen. Auch Timo bekommt Angst. Ob er es noch rechtzeitig nach draußen schafft? Und wo ist sein Papa? Hoffentlich ist ihm nichts passiert! Draußen schaut er sich ängstlich um. Dann sieht er endlich seinen Papa. Erleichtert fällt er ihm in die Arme: „Papa!" „Timo!", ruft Papa fröhlich. „Da hat Gott uns aber einige Engel geschickt und uns beschützt!"

Das ist Daniel. Er hat auch Angst. Der König wollte nicht, dass die Leute zu Gott beten, sondern zu ihm. Aber Daniel hat gesagt: „Unser Gott ist der einzige Gott. Ich werde nur zu ihm beten." Da hat der König ihn in die Löwengrube geworfen.
Alle denken, dass die Löwen Daniel fressen werden, denn es sind wilde, gefährliche Tiere. Doch Gott ist bei Daniel und beschützt ihn. Die Löwen lassen Daniel in Ruhe und am nächsten Tag sieht der König ein, dass er einen Fehler gemacht hat. Er ist erstaunt, dass Gott Daniel sogar vor den Löwen retten konnte. Deshalb sagt er: „Ab jetzt sollen alle Menschen in meinem Königreich an diesen Gott glauben – denn er ist ein guter und starker Gott!"

# 13 Wenn alle zusammen etwas Gutes tun: Nehemia

Emily und ihre Freundin Anna spielen zusammen mit Puppen. Emilys Papa geht es heute gar nicht gut. Er ist krank. Emily hat eine Idee: „Vielleicht freut sich Papa, wenn mein Zimmer mal richtig schön aufgeräumt ist."
Ihre Freundin nickt: „Bestimmt. Aber schau mal, wie viel hier herumliegt … das schaffen wir doch niemals!"
Emily überlegt: „Du hast Recht. Mhm … vielleicht können wir meinen Bruder und meine Mama fragen, ob sie uns helfen."

Und wirklich, die beiden sind bereit, mit anzupacken. Gemeinsam dauert es dann gar nicht so lange. Ruck, zuck, sieht das Zimmer wieder richtig hübsch aus! Aufgeregt holt Emily Papa ins Kinderzimmer. „So, jetzt darfst du schauen", ruft Emily stolz.
Papa ist erstaunt und freut sich: „Wow! So ordentlich sah dein Zimmer ja schon lange nicht mehr aus. Toll gemacht!"

Nehemia wohnt in der Stadt Jerusalem. Gemeine Leute haben die Stadt kaputt gemacht und nun ist sie ganz zerstört. Sogar die Stadtmauer ist kaputt – dabei ist die Mauer so wichtig, damit die Menschen sicher in der Stadt wohnen können. Nehemia hat eine Idee, für die er Leute braucht, die ihm helfen. Er traut sich und sagt: „Lasst uns die Mauer wieder aufbauen. Es ist viel Arbeit, aber wenn wir alle zusammenarbeiten, schaffen wir es!" Und wirklich, gemeinsam bauen sie die Mauer wieder auf. So ist es, wenn alle zusammen etwas Gutes tun. Dann ist es oft gar nicht mehr so schwierig.

# 14 Weinen ist erlaubt: Hiob

Paul erzählt Papa:
„Ben hat gesagt, Jungs weinen nicht."

Papa schüttelt den Kopf: „Das ist Quatsch! Ich weine auch manchmal, wenn ich traurig bin. Jeder ist mal traurig oder wütend. Und das darf man auch ruhig zeigen. Zum Beispiel, indem man weint oder jemandem erzählt, wie sauer man ist. Oder vor lauter Wut ganz kräftig in ein Kissen haut oder auf den Boden stampft."

Hiob ist etwas richtig Schlimmes passiert. Menschen, die er lieb hatte, sind gestorben. Er hat alles verloren, und dann wurde er auch noch krank. Deshalb ist er ganz traurig und wütend. Das sagt er Gott auch. Er weint lange und schimpft und sagt Gott, wie gemein er das alles findet. Und das ist in Ordnung. Denn Gott liebt uns immer, auch wenn es uns nicht gut geht. Auch wenn wir weinen oder jammern. Hiob merkt, dass Gott ihn immer noch lieb hat und sich um ihn kümmert. Er sieht ein, dass wir Menschen nicht alles verstehen können – zum Beispiel, warum schlimme Dinge passieren. Nur Gott versteht das alles. Aber wir dürfen sicher sein, dass er es gut mit uns meint. Und, dass er bei uns ist – auch, wenn es uns mal gar nicht gut geht.

# 15 Jeder Mensch ist wertvoll: Psalm 139

Mara erzählt: „Wir haben einen neuen Jungen im Kindergarten, er heißt Anton. Irgendwie sieht er komisch aus. Er hat Flecken auf der Haut, und gestern haben Lasse und Mona ihn deswegen geärgert."
Mama sagt: „Das ist aber schade. Er kann doch nichts dafür, dass seine Haut krank ist. Und es ist auch gar nicht schlimm, wenn bei jemandem etwas anders ist. Manche Leute haben zum Beispiel keine Beine mehr, weil sie einen Unfall hatten. Oder manche müssen eine ganz dicke Brille tragen, weil ihre Augen krank sind. Einige sind ganz dick und andere sehr klein. Für Gott ist jeder etwas ganz Besonderes; jeder ist auf seine Art schön. Vielleicht hat jemand ein nicht ganz so hübsches Gesicht, aber dafür schöne Haare. Oder ein schönes Herz, weil er sehr lieb ist. Oder er kann lustige Witze erzählen oder besonders gut tanzen oder singen. Jeder hat Dinge, die er gut kann und andere, die er nicht so gut kann."
Mara überlegt: „Ja, das stimmt. Der Anton kann ganz schnell rennen, das habe ich heute gesehen. Wenn die anderen ihn morgen wieder ärgern, sage ich ihnen, dass sie aufhören sollen, weil jeder Mensch etwas Besonderes ist."

Es gibt dazu ein Lied in der Bibel, das David geschrieben hat. Der kleine David, der mit Gottes Hilfe den riesigen Goliath besiegt hat. In dem Lied heißt es: „Gott, ich danke dir, dass du mich so toll gemacht hast. Ich weiß: Alles, was du machst, ist wunderbar und wertvoll." Ja, Gott hat jeden Menschen geschaffen und sich dabei viel Mühe gegeben. Es wäre doch langweilig, wenn wir alle gleich wären. Jeder ist anders und jeder ist wertvoll.

# 16 Das schönste Geschenk: Jesus wird geboren

Es ist Weihnachten. Mara, Mama und Papa singen Weihnachtslieder. Papa spielt auf seiner Gitarre, Mara trommelt und Mama hat einen Schellenkranz. Nach dem Singen werden die Geschenke ausgepackt. Mara springt vor Freude in die Luft, als sie das neue Puppenhaus auspackt. Das hat sie sich schon so lange gewünscht!

Danach lesen sie alle zusammen die Weihnachtsgeschichte in der Bibel. „Wisst ihr, was das beste Weihnachtsgeschenk ist?", fragt Papa. „Das ist ein Geschenk, das Gott allen Menschen gegeben hat: Dass er, der große Gott, der alles gemacht hat, uns lieb hat und sich um uns kümmert."

„Woher wissen wir, dass Gott uns lieb hat?", fragt Mara.

„Das hat uns sein Sohn Jesus gesagt", erklärt Mama. „Dieser Jesus wurde als Mensch geboren – als kleines Baby, wie du und ich. Gott hat zu ihm gesagt: Du bist mein Sohn. Sag den Menschen, wie sehr ich sie liebe. Und hilf ihnen, an mich zu glauben."

„Ja, und an Weihnachten feiern wir, dass Jesus geboren ist!", ruft Mara.

Papa nickt: „Genau. An Weihnachten denken wir daran, dass Gott uns durch Jesus gezeigt hat, wie lieb er uns hat. Dass er für uns da ist und dass wir immer mit Gott reden können."

„Ja, wenn wir beten! Beten ist Reden mit Gott, oder?", möchte Mara wissen.

„Richtig!", stimmt Mama zu. „Weil Jesus uns so wichtige Dinge über Gott beigebracht hat, war seine Geburt etwas ganz Besonderes."

Schaut, hier auf dem Bild sind Hirten. Ein Engel hat ihnen erzählt, dass Jesus geboren ist. Da sind sie schnell losgegangen und haben Jesus und seine Eltern, Maria und Josef, gefunden.
Weil Maria und Josef gerade unterwegs waren und kein richtiges Zimmer mehr frei war, mussten sie in einen Stall gehen. Sie legten Jesus in eine Futterkrippe. Obwohl Jesus Gottes Sohn ist, liegt er nicht in einem hübschen Bett in einem Königspalast, sondern als armer Mensch auf einem Bündel Stroh. Das zeigt, dass Gott nicht nur an die reichen Menschen denkt, sondern besonders an die armen.

# 17 Wer noch nie etwas Böses gemacht hat: Die Frau, die bestraft werden sollte

„Papa, Jonas hat im Kindergarten etwas geklaut!", erzählt Paul. „Er hat sich einfach Julias Puppe geschnappt und sie in seiner Kindergartentasche versteckt. Als die Erzieherin das herausgefunden hat, hat er Ärger bekommen."
„Das ist richtig so", sagt Papa. „Klauen ist nicht okay."
Paul nickt: „Und dann hat er sich bei Julia entschuldigt, aber sie war immer noch sauer auf ihn. Und jetzt sind alle Kinder sauer auf ihn und ärgern ihn. Wir rufen immer: Jonas, der Dieb!"
Papa überlegt: „Hm, meinst du denn, das ist gut?"

„Ich weiß nicht … er hat doch etwas Böses gemacht."
Papa nickt: „Ja, das hat er. Aber machst du nicht auch manchmal etwas Blödes? Und wäre es dann nicht schlimm, wenn die anderen dann für immer gemein zu dir wären?"
„Stimmt … ja, das wäre nicht richtig. Wenn ich mich entschuldigt habe, sollen sie auch wieder lieb zu mir sein", gibt Paul zu.
Papa erklärt: „Deswegen sollten wir andere nicht ärgern, wenn sie einen Fehler machen. Wir dürfen sauer sein und schimpfen und sagen, dass das falsch ist. Aber wenn sich derjenige entschuldigt, sollten wir ihn nicht weiter beschimpfen. Denn wir alle machen manchmal Fehler."
Am nächsten Tag, als die Kinder wieder rufen: „Jonas, der Dieb!", sagt Paul: „Hört mal, er hat sich doch entschuldigt. Jeder macht mal etwas falsch. Aber wenn wir ihn weiter ärgern, sind wir genauso böse. Also lasst uns jetzt wieder lieb zu ihm sein!"
Die Kinder wundern sich, aber dann nicken einige: „Na gut, du hast Recht. Komm, Jonas, du kannst mit uns spielen."

Jesus hat so etwas auch mal erlebt. Er ist unterwegs und sieht plötzlich viele Leute, die eine Frau anschreien. Sie sagen, dass die Frau etwas Böses gemacht hat, und deswegen wollen sie sie mit Steinen bewerfen. Die Frau hat große Angst. Muss sie nun sterben?
Da sagt Jesus: „Wer noch nie etwas Böses gemacht hat, der soll den ersten Stein werfen!"
Plötzlich sind alle still. Denn jeder hat schon einmal etwas Böses gemacht.

# 18 Geld ist nicht das, was zählt: Der reiche Mann

Emily hat heute zum ersten Mal ihre neue Freundin Laura besucht. „Laura wohnt in einem so schönen Haus", sagt Emily. „Sie hat ein großes Zimmer und viel mehr Spielzeug als ich. Sie hat wunderschöne, glitzernde Kleider. Ich möchte auch gern so viele schöne Dinge haben!"

Mama lächelt: „Das kann ich verstehen."

Emily nickt: „Und warum kaufst du mir dann nicht auch so viele tolle Sachen?"

„Emily, das geht nicht. Lauras Eltern haben sehr viel Geld und deswegen können sie ihr so viel kaufen."

„Dann möchte ich auch reich sein!", jammert Emily.

Mama schüttelt den Kopf: „Weißt du, Geld ist nicht das Wichtigste. Wenn man nur an Geld denkt, dann vergisst man bald Dinge, die viel wichtiger sind."

„Was denn?", fragt Emily.

„Zum Beispiel, einfach fröhlich zu sein und den Sonnenschein oder einen leckeren, süßen Apfel zu genießen. Mit anderen zu lachen. Anderen Menschen zu helfen. Mit Gott zu reden und ihm zu danken. Auch wenn wir hier viel Geld haben – irgendwann sterben wir und das Geld können wir dann nicht mitnehmen. Wenn wir dann zu Gott kommen, wird er es nicht wichtig finden, wie viel Geld wir hatten. Sondern er wird uns fragen, ob wir andere Menschen lieb gehabt und ihnen geholfen haben. Ob wir an Gott gedacht und ihm gedankt haben. Denn Gott ist es nicht wichtig, dass unsere Kleider glitzern. Er möchte, dass unser Herz glitzert."

„Ein glitzerndes Herz?", fragt Emily verwundert.

„Ja", lacht Mama. „Wenn du Gott und andere Menschen lieb hast, dann glitzert dein Herz. Glitzernde Kleider gehen irgendwann kaputt. Aber ein glitzerndes Herz niemals!"

Jesus hat gesagt, dass es gefährlich ist, wenn man immer mehr Geld haben will. Er erzählt von einem Mann. Dieser Mann möchte auch unbedingt reich werden. Er arbeitet viel und hat immer mehr Geld. Und wünscht sich noch mehr und noch mehr. Für ihn ist nur noch das Geld wichtig – wichtiger als Gott und die anderen Menschen. Und wirklich, er wird reich.
Er weiß gar nicht mehr, wo er das ganze Geld unterbringen soll. Irgendwann denkt er, dass er nun endlich genug hat und sein Leben genießen kann. Aber Jesus sagt: „Was ist, wenn dieser Mann schon heute Nacht stirbt? Wer bekommt dann das ganze Geld?" Wenn der Mann heute sehr krank wird und sterben muss, wird er vielleicht sehr traurig sein. Denn er hat sein ganzes Leben nur für das Geld gelebt. Das kann er nicht mitnehmen, wenn er stirbt. Und sonst hat er nichts. Deswegen sollten wir gut überlegen, was im Leben wirklich wichtig ist.

# 19 Gottes Arme sind immer offen: Der verlorene Sohn

Mara ist gerade allein im Wohnzimmer. Mama ist im Garten und schreibt etwas. Da könnte Mara doch vielleicht mal mit Mamas neuer Vase spielen … Sie ist so hübsch und Mara würde gern spielen, dass sie ihren Puppen gehört. Eigentlich hat Mama es verboten. Aber wenn sie ganz gut aufpasst? Vorsichtig nimmt Mara die Vase von der Fensterbank. „Schau mal!", sagt sie zu ihrer Puppe Mona. „Die schenke ich dir zum Geburtstag!"

Da hört Mara auf einmal, wie Mama ins Haus kommt. Schnell springt Mara auf und nimmt die Vase. Sie will sie auf die Fensterbank stellen, aber dann – klirr! – fällt sie ihr plötzlich aus der Hand. Oh nein! Die Vase ist in vier Teile zerbrochen. Schnell versteckt Mara die Stücke in einer Schublade.
Doch am Abend fragt Mama: „Mara, weißt du, wo die neue Vase sein könnte?"
Mara schüttelt den Kopf. Fünf Minuten später steht Mama mit den vier Scherben in der Hand vor ihr: „Die habe ich in der Schublade gefunden!"
Mara schaut zu Boden. Sie schämt sich. „Das war ich … Ich wollte ganz gut aufpassen, aber dann ..."
Mama sieht unglücklich aus: „Ich finde es richtig traurig, dass die Vase nun kaputt ist, weil du nicht auf mich gehört hast. Aber weißt du, was ich noch trauriger finde? Dass du mich angelogen hast. Dass du mir nicht gesagt hast, was passiert ist."
Mara schluchzt: „Ich weiß … ich habe mich auch ganz schlecht gefühlt beim Lügen. Aber ich hatte Angst, dass du wütend wirst!"
Mama nimmt Mara in den Arm: „Hör mal, ich bin tatsächlich wütend. Aber auch wenn du etwas falsch machst, habe ich dich trotzdem immer lieb. Wenn wir etwas Blödes gemacht haben, sollten wir nicht lügen. Sondern wir sollten es ehrlich zugeben und uns entschuldigen. Ich liebe dich doch immer, mein Schatz! Und weißt du was? Bei Gott ist das genauso", erklärt Mama, „wenn wir etwas Schlechtes tun, gefällt ihm das gar nicht. Und manchmal passieren dann auch schlimme Dinge. Aber trotzdem hat Gott uns lieb. Und wir dürfen immer wieder zu ihm kommen und ihn um Hilfe bitten."

Ein Mann hat zwei Söhne. Der eine Sohn will nicht mehr zu Hause wohnen. „Gib mir das Geld, das du für mich gespart hast", sagt er zu seinem Vater, und dann geht er weg. Aber er passt nicht gut auf das Geld auf. Er feiert fast jeden Tag ein Fest und kauft sich viele teure, unnötige Dinge. Er trinkt zu viel Alkohol und führt kein gutes Leben. Irgendwann hat er das ganze Geld ausgegeben. Er hat gar nichts mehr und muss in einem Schweinestall arbeiten. Manchmal hat er so viel Hunger, dass er am liebsten Schweinefutter essen würde. Irgendwann denkt er: „Vielleicht sollte ich nach Hause gehen. Bei meinem Vater ging es mir viel besser."

Aber er hat Angst. Sein Vater wird bestimmt sauer sein, weil er so dumm war und das ganze Geld ausgegeben hat. Und weil er kein gutes Leben geführt hat.
Schließlich macht er sich doch auf den Weg nach Hause. Was sein Vater wohl sagen wird? Ob er ihn gleich wegschickt? Er ist noch ein Stück von zu Hause entfernt, da sieht er auf einmal einen Mann auf sich zu eilen. Ist das etwa …? Ja, wirklich! Es ist sein Vater! Er läuft ihm entgegen und kommt mit offenen Armen auf ihn zu: „Mein Sohn!"
Der Sohn sagt: „Vater, ich habe viel falsch gemacht und ein schlechtes Leben geführt." Doch der Vater nimmt ihn in den Arm und ruft seinen Mitarbeitern zu: „Holt schnell frische Kleidung für meinen Sohn und bereitet ein Festessen vor!" Und er freut sich sehr darüber, dass sein Sohn wieder da ist.

# 20 Einander helfen: Der barmherzige Samariter

Paul wird gerade ins Bett gebracht und erzählt Mama, was er im Kindergarten erlebt hat: „Nicole hat Theo geärgert. Sie hat ihm immer wieder sein Spielzeug weggenommen. Eigentlich mag ich Theo ja nicht so gern, weil er immer so laut und anstrengend ist. Aber trotzdem tat er mir leid. Deswegen bin ich zu Nicole gegangen und habe gerufen: ‚Hör auf, Theo zu ärgern!' Dann ist Anna gekommen und hat auch gesagt, dass Nicole aufhören soll. Da hat sie Theo endlich in Ruhe gelassen."

„Wow!", meint Mama. „Das war ganz schön mutig und nett von euch. Da hat Theo sich bestimmt gefreut, dass ihr ihm geholfen habt."

Jesus hat einmal eine Geschichte erzählt: Ein Mann wird von Räubern bestohlen und zusammengeschlagen. Er ist schwer verletzt und braucht unbedingt Hilfe. Da kommt ein Priester und sieht den Verletzten. Aber er will ihm nicht helfen und geht einfach weiter. Danach kommt noch ein Mann, der aber auch keine Lust hat zu helfen. Der verletzte Mann fühlt sich sehr allein: „Warum hilft mir denn keiner? Wenn nicht bald jemand kommt, muss ich sterben!"

Da hält endlich ein Mann an. Er kommt aus einem anderen Land als der Verletzte, und die Leute aus diesen beiden Ländern mögen sich normalerweise nicht. Aber er denkt: „Auch wenn ich ihn eigentlich gar nicht so gern mag, er braucht Hilfe. Ich kann ihn nicht allein lassen." Er behandelt seine Wunden und bringt ihn in ein Gasthaus. Dort sagt er: „Bitte kümmert euch um den Verletzten. Hier habt ihr Geld dafür."

Und Jesus fragt: „Wer von den drei Männern hat den Verletzten lieb gehabt?"

„Der, der ihm geholfen hat!", sagt ein Zuhörer.

„Genau", sagte Jesus. „Sei du auch so ein Mensch, der andere lieb hat und ihnen hilft."

# 21 Was du nicht willst, das man dir tu ..: Die goldene Regel

Mara, Paul und Emily sind mit ihren Eltern auf dem Spielplatz. Als Emily und Paul zusammen Ball spielen, kommt Mara dazu und möchte mitspielen. Aber Emily schüttelt den Kopf: „Nein, heute darfst du nicht mitspielen. Geh weg!" Da fängt Mara an zu weinen und läuft zu ihrer Mutter.

Emilys Vater hört, was passiert ist, und ruft Emily zu sich: „Emily, was ist los? Warum hast du Mara weggeschickt?"

Emily zuckt mit den Schultern: „Ich hatte keine Lust, mit ihr zu spielen. Ich wollte lieber allein mit Paul Ball spielen."

Papa schaut Emily ernst an: „Stell dir mal vor, du möchtest gern mit einem anderen Kind spielen. Und dann schickt das Kind dich weg. Wie würdest du dich dann fühlen?"

Emily überlegt, dann sagt sie leise: „Traurig."

Papa nickt: „Genau. Du wärst traurig. Du möchtest nicht, dass man dich einfach wegschickt, oder? Und wenn du etwas blöd findest, solltest du das selbst auch nicht machen. Verstanden?", erklärt Papa.

Emily nickt: „Ja, verstanden." Sie geht zu Mara: „Entschuldigung. Möchtest du jetzt mitspielen?" Und dann spielen alle drei zusammen Ball.

Jesus hat das einmal so gesagt: So, wie ihr behandelt werden möchtet, so behandelt auch die anderen. Wenn du selbst nicht weggeschickt werden willst, dann schick auch keine anderen Kinder weg. Wenn du selbst nicht gehauen werden willst, dann hau auch keine anderen. Und wenn du selbst nicht willst, dass dir jemand etwas wegnimmt, dann nimm auch niemandem etwas weg. Wir wollen doch, dass andere lieb zu uns sind. Deswegen sollten wir auch lieb zu anderen sein. Selbst wenn andere unfreundlich sind, können wir das versuchen. Jesus hat auch mal gesagt: „Besiegt das Böse mit dem Guten." Auch wenn andere gemein sind, müssen wir es nicht sein. Wir können beten und versuchen, trotzdem lieb zu sein. Vielleicht merken die anderen dann, dass es viel besser ist, nett zu sein. Jesus hat für Leute gebetet, die sehr gemein zu ihm waren. Sie haben ihn beschimpft und ihm sehr wehgetan. Trotzdem hat er für sie gebetet. Damit hat er gezeigt, wie groß Gottes Liebe für alle Menschen ist.

# 22 Paul und seine Oma: Gott kann Kranke heilen

Paul hat schlimme Bauchschmerzen und muss sich übergeben. Und nun hat Mama auch noch erzählt, dass Oma eine ganz schwere Krankheit hat. Sie muss operiert werden. Paul ist sehr traurig: „Ich wollte doch heute so gern zu dem Kindergartenfest. Und ich mache mir Sorgen um Oma … ich habe Angst, dass sie nie wieder gesund wird. Kann Gott ihr nicht helfen?"
Mama nickt: „Gott kann so etwas. Sein Sohn Jesus hat, als er hier bei uns Menschen gelebt hat, oft Kranke gesund gemacht. Wir können für Oma beten und auch für dich."
Mama und Paul beten, dass Gott auch Oma und Paul hilft, wieder gesund zu werden. Paul geht es am nächsten Tag wirklich schon besser und er freut sich: „Danke, Gott!"
Aber als er Oma anruft, ist sie immer noch krank. „Warum hat Gott sie nicht gesund gemacht?", fragt Paul enttäuscht.

Papa tröstet ihn: „Weißt du, Gott macht nicht immer alles genauso, wie wir es gern möchten. Wir dürfen ihn um alles bitten, aber er entscheidet, welchen Wunsch er erhört. Er weiß, was am besten ist. Manchmal kann er unser Gebet direkt erhören – so wie bei dir, dir geht es jetzt schon viel besser. Aber manchmal müssen wir auch länger warten, oder Gott weiß, dass es anders besser ist. Er weiß nämlich viel mehr als wir. Aber auch wenn Gott nicht jeden Wunsch erfüllt, hört er uns und hilft uns. Oma ist zwar nicht wieder gesund, aber sie hat gesagt, dass sie heute schon viel fröhlicher ist als gestern. Manchmal hilft Gott anders, als wir denken."

GUTE BESSERUNG!

Jesus ist in einem Haus und spricht über Gott. Viele Menschen sind da, um ihm zuzuhören. Draußen kommen ein paar Leute, die einen Mann auf einer Liege tragen. Er ist gelähmt – das heißt, seine Beine sind so krank, dass er nicht mehr laufen kann. Weil so viele Leute im Haus sind, schaffen seine Freunde es nicht, mit der Liege hereinzukommen.
„Aber er muss zu Jesus!", sagen sie. „Vielleicht wird er ihn gesund machen."
Da haben sie eine Idee: Sie klettern auf das Dach des Hauses und nehmen einige Ziegel ab. Als das Loch im Dach groß genug ist, lassen sie den Mann auf seiner Liege durch das Loch in das Haus hinunter. Nun liegt der Mann genau vor Jesus.
Alle wundern sich, und Jesus freut sich, dass die Männer alles getan haben, um ihren Freund zu ihm zu bringen. „Alles Böse und Schlechte, das du in deinem Leben gemacht hast, ist dir vergeben", sagt er.
Da werden einige Leute sauer: „So etwas darf doch nur Gott sagen!"
Aber Jesus antwortet: „Warum werdet ihr böse? Ich will euch zeigen, dass ich Gottes Sohn bin und deswegen Böses vergeben kann."
Dann sagt er zu dem gelähmten Mann: „Steh auf, nimm deine Liege und geh nach Hause!"
Gespannt richtet der Mann sich auf. Und wirklich: Er kann laufen! Da geht er fröhlich nach Hause und dankt Gott.

# 23 Mehr als genug: Fünf Brote und zwei Fische

Mara macht sich Sorgen. Papas Chef hat ihm gesagt, dass er leider keine Arbeit mehr für ihn hat. Deswegen können sie sich nun doch kein neues Auto kaufen: „Dafür haben wir zurzeit nicht genug Geld", hat Papa erklärt.
Mara hat mal gehört, dass manche Menschen hungern, weil sie kein Geld für Essen haben. Jetzt hat sie Angst, dass sie auch bald nichts mehr zu essen hat.
Mama beruhigt sie: „Jesus hat gesagt, dass wir uns keine Sorgen machen sollen. Wir können mit ihm über alles reden, was uns Angst macht. Und wir wissen: Gott sorgt für uns. Auch wenn schlimme Dinge passieren. Er kann uns zum Beispiel durch andere Menschen helfen, die mit uns teilen. Oder Gott tut ein Wunder – auch das kann er."

Jesus ist mit seinen Freunden draußen und erzählt den Menschen viel über Gott. Es wird immer später und die Menschen bekommen Hunger. Jesus sagt seinen Freunden: „Gebt ihnen etwas zu essen."
Aber die Freunde antworten: „Es sind viel zu viele Menschen! Ungefähr 5.000! So viel Essen haben wir nicht. Schau, hier ist ein Junge, der fünf Brote und zwei Fische hat. Aber das reicht niemals!"
Jesus sagt: „Macht euch keine Sorgen. Glaubt an Gott und an mich. Fangt einfach an, das Brot und die Fische zu verteilen." Er nimmt das Essen, schaut zum Himmel und dankt Gott dafür. Dann gibt er es seinen Freunden. Seine Freunde wundern sich, aber sie hören auf Jesus.
Und wirklich: Obwohl sie das Essen verteilen, wird es nicht weniger. Alle werden satt und es bleibt sogar noch einiges übrig. So groß ist Gott! Er kennt immer einen Weg, wie er uns versorgt. Und er wünscht sich, dass wir mit anderen teilen.

# 24 Gott ist stärker als der Tod: Jesus wird wieder lebendig

Oma ist gestorben. Paul ist sehr traurig. Papa versucht, ihn zu trösten: „Oma geht es jetzt besser. Sie hat an Gott geglaubt und ist jetzt bei ihm. Dort werden wir sie wiedersehen, wenn wir auch bei Gott sind."
„Woher wissen wir das?", fragt Paul.
„Jesus hat es uns gezeigt", erklärt Papa.

Einige Menschen verstehen nicht, was Jesus über Gott sagt: Dass er alle Menschen liebt und dass Jesus sein Sohn ist. Sie mögen Jesus nicht und lassen ihn gefangen nehmen. Und dann wird Jesus getötet. Er wird an ein Kreuz gehängt – so wurden früher oft Menschen getötet. Doch als Jesus stirbt, wird es auf einmal überall ganz dunkel und ein wichtiger Vorhang im Tempel zerreißt. Früher durften nur besondere Leute, nämlich Priester, hinter diesen Vorhang gehen und dort mit Gott reden. Aber nun ist der Weg frei für alle – jeder darf zu Gott beten, wann er möchte.
Ein Hauptmann, der bei Jesus steht, erschrickt, als es plötzlich so dunkel wird. Er merkt, dass etwas Besonderes passiert ist, und sagt: „Dieser Mensch war wirklich Gottes Sohn!"
Jesus wird begraben und seine Freunde sind sehr traurig. Sie weinen und wissen nicht, was sie tun sollen.
Drei Tage später möchten Frauen, die Jesus kannten, sein Grab besuchen. Doch das Grab ist leer! Sie sind erschrocken: Wo ist der tote Körper von Jesus? Da steht auf einmal ein Engel neben ihnen und sagt: „Habt keine Angst! Jesus ist nicht mehr tot, er ist auferstanden!"
Die Frauen rennen aufgeregt zu ihren Freunden und erzählen ihnen alles. Die anderen können es kaum glauben: Kann das wirklich sein? Doch dann ist Jesus auf einmal bei ihnen. Er lebt! Gott hat ihn wieder lebendig gemacht.
Später ist Jesus zu Gott zurückgegangen und hat versprochen, dass er dort auf uns wartet. Deshalb wissen wir, dass Gott stärker ist als der Tod. Und wir dürfen glauben, dass Gott uns, wenn wir einmal sterben, zu sich holt. Dort ist es wunderschön und es gibt nichts Böses mehr, keine Krankheit und keine Schmerzen.

# 25 Gott kann Menschen verändern: Aus Saulus wird Paulus

Paul ist richtig schlecht gelaunt, als Papa ihn vom Kindergarten abholt: „Meine Erzieherin Susanne hat heute schon wieder mit mir geschimpft, weil sie dachte, dass ich Annas Handschuhe versteckt habe. Dabei war ich das gar nicht!"
Papa nimmt Paul fest in den Arm: „Das ist ein richtig blödes Gefühl, wenn andere gemein zu einem sind. Das macht uns traurig und wütend."
„Ja! Susanne ist so doof! Das ist total ungerecht, und sie hat mir auch gar nicht mehr zugehört, als ich sagen wollte, dass ich das nicht war. Sie macht das ganz oft. Nur weil ich einmal Simons Handschuhe versteckt habe, denkt sie jetzt immer, dass ich schuld bin!"

Papa nickt: „Das ist wirklich nicht richtig. Weißt du, wir können beten. Dafür, dass Gott dir den Mut gibt, Susanne zu sagen, dass du es nicht warst. Und dafür, dass Gott Susanne hilft, nicht ungerecht zu sein und zu merken, dass du die Wahrheit sagst. Gott findet es auch nicht gut, dass sie dich so ungerecht behandelt. Aber trotzdem hat er Susanne lieb. Und er kann Menschen helfen, netter zu werden und nicht mehr so gemeine Dinge zu tun.

Saulus ist auch ziemlich gemein. Er verfolgt die Leute, die an Jesus glauben, und will sie ins Gefängnis bringen. Aber eines Tages sieht er plötzlich ein ganz helles Licht und hört eine Stimme: „Saulus, warum verfolgst du mich?"
Saulus erschrickt: „Wer bist du?"
„Ich bin Jesus – der, den du verfolgst! Geh in die Stadt, dort wird man dir sagen, was du tun sollst."
Und wirklich: In der Stadt trifft Saulus einen Menschen, der ihm weiterhilft. So schafft es Saulus, sich zu ändern: Er ist jetzt nicht mehr gemein zu den Leuten, die an Jesus glauben, sondern er glaubt selbst an Jesus und hilft ihnen. Gott gibt ihm sogar einen neuen Namen, um zu zeigen, dass er sich verändert hat: Jetzt heißt er Paulus. Paulus reist durch viele Länder und erzählt allen Leuten von Jesus.

# 26 Gott kann immer helfen: Petrus und der Engel

Timo ist bei seinem Freund Ben zu Besuch. Die Jungs und Bens Vater sind im Garten. Timo muss mal zur Toilette. Erstaunt schaut er das Türschloss an. So eins hat er ja noch nie gesehen! Er will es gleich mal ausprobieren und schließt ab.
Als er fertig ist und sich die Hände gewaschen hat, will er wieder aufschließen. Ach du Schreck! Das Schloss klemmt. Die Tür geht einfach nicht auf. „Hallo?", ruft Timo. Aber niemand hört ihn. Natürlich, sie sind ja alle draußen! Timo bekommt Angst. Er fühlt sich schrecklich allein. Tränen laufen ihm die Wangen herunter.
Er überlegt, ob er beten soll? Aber kann Gott ihm überhaupt helfen, wenn die Tür einfach nicht aufgeht und keiner ihn hören kann?

Aber dann fällt ihm ein, dass seine Eltern gesagt haben, dass Gott alles kann. Also betet er: „Lieber Gott, ich habe Angst! Die Tür geht einfach nicht auf. Und alle sind draußen, keiner hört mich. Bitte hilf mir, Gott!"
Ein paar Minuten vergehen. Timo betet noch einmal und singt ein paar Lieder, um sich abzulenken. Und dann endlich hört er die Stimme von Bens Vater: „Timo, wo bleibst du denn?"
„Hier bin ich!", ruft Timo erleichtert. „Die Tür klemmt."
Bens Vater sagt ihm, in welche Richtung er drehen muss. „Und dabei fest drücken!", ruft er. Schließlich klappt es. Timo ist glücklich und sagt leise: „Danke, Gott!"

eptember

Das ist Petrus. Er erzählt den Menschen von Gott, aber einigen Leuten gefällt das nicht. Sie mögen ihn nicht und lassen ihn in ein Gefängnis werfen. Er wird mit Ketten festgebunden und bewacht, sodass er nicht weglaufen kann. Petrus hat Angst und betet: „Gott, bitte hilf mir!" Und auch seine Freunde beten für ihn.
Mitten in der Nacht steht plötzlich ein Engel vor Petrus: „Schnell, steh auf!", sagt er. Verwundert steht Petrus auf – da fallen die schweren Ketten einfach ab. Der Engel spricht weiter: „Zieh dich an und komm mit."
Petrus kann es kaum glauben: Sie gehen an allen Wachmännern vorbei und niemand merkt etwas! Petrus ist befreit und er weiß: Das war ein Engel, den Gott geschickt hat.

# 27 Die Eltern ehren: Ein Brief von Paulus

Emily will nicht aufräumen. Sie schreit Papa an: „Ich habe keine Lust! Lass mich in Ruhe, du Blödmann!"
Da nimmt Papa Emily an der Hand und bringt sie in ihr Zimmer: „Du bleibst jetzt erst mal hier und beruhigst dich. Eigentlich wollte ich gleich mit dir ein Eis essen gehen, aber das geht jetzt nicht mehr. Die Eltern anschreien und beschimpfen, das ist nicht in Ordnung!"
Später tut es Emily leid, dass sie so böse zu ihrem Papa war. „Entschuldigung", sagt sie leise. Da nimmt Papa sie in den Arm: „In Ordnung."
„Gehen wir denn noch Eis essen?", fragt Emily. „Heute geht es nicht mehr – dafür ist es zu spät", erklärt Papa. „Aber wenn du dein Zimmer jetzt aufräumst, haben wir morgen Zeit zum Eis essen."

Emily nickt und räumt ihr Zimmer auf. Und am nächsten Tag essen sie ein großes, leckeres Spaghetti-Eis.

Da ist Paulus. Er kennt Gott sehr gut und schreibt in seinen Briefen auf, was er über Gott weiß. Und wie wir ein gutes Leben führen können. Zum Beispiel schreibt er, dass Eltern nicht böse zu ihren Kindern sein sollen. Und dass Kinder ihre Eltern ehren sollen. Ehren heißt nicht, dass man immer alles genauso sieht wie die Eltern. Man kann auch mal eine andere Meinung haben.
Aber es ist wichtig, dass Kinder ihre Eltern nicht einfach anschreien oder böse Dinge über sie sagen. Denn Gott hat uns unsere Eltern geschenkt, damit sie uns beibringen, wie man ein gutes Leben führt.
Paulus hat uns in seinen Briefen noch viele gute Tipps gegeben, und auch in den anderen Büchern der Bibel können wir lesen, was Menschen mit Gott erlebt haben. Daraus können wir viel lernen – über Gott, das Leben und uns Menschen. Da hat Gott uns wirklich ein ganz besonderes Buch geschenkt!

1. Auflage 2014

Die Deutsche Bibliothek verzeichnet diese Publikation in der Deutschen Nationalbibliografie; detaillierte bibliografische Daten sind im Internet über www.d-nb.de abrufbar.



Texte: Melanie Schüer
Illustrationen: Lydia Klaassen
Druck: Druckerei Sollermann GmbH, Leer
Printed in Germany 2014

ISBN 978-3-87939-623-8

www.oncken-stiftung.de